I0830297

Contas nacionais

manual do usuário

Contas nacionais

Ricardo Moraes

Copyright 2018 by Ricardo Moraes

Publicação independente

ISBN: 9781792193101

Moraes, Ricardo (1976 -)

Contas nacionais: manual do usuário

1ª edição

Didático

Economia

Índice

1 – Introdução – O PIB e as contas nacionais

O PIB (Produto Interno Bruto) é uma medida de geração de renda. Ele representa a renda gerada pelo trabalho e pelo uso de ativos em um determinado período de tempo.

O PIB não mede a riqueza dos países. Ele também não é a soma de tudo que foi produzido e muito menos das "riquezas produzidas" em um período.

O PIB não mede qualidade de vida, bem estar social nem desigualdade: não foi criado para isso. Ele é um indicador resumo de geração de renda – e isso já é muito para um único número.

Em épocas de baixo crescimento da economia, é comum que grupos políticos interessados em influenciar a política econômica comecem a repetir que o PIB não é importante, que o que importa é um indicador de distribuição de renda ou de perda de ativos ambientais.

Distribuição de renda e ativos ambientais são importantes, mas isso não desqualifica as medidas de geração de renda: continua sendo necessário saber se o país está gerando mais renda ao longo do tempo, saber quanta renda gera por pessoa e quanto dessa renda é consumido ou poupado.

As contas nacionais – as definições e tabelas através das quais o PIB é calculado – apresentam também um conjunto de agregados necessários ao acompanhamento da economia. Desses, os mais conhecidos são: o consumo das famílias, o consumo do governo, o investimento, a poupança e a renda disponível das famílias.

Os próximos capítulos apresentarão as definições e fórmulas de cálculo para cada um deles. Mas, antes de passar a elas, vale a pena concluir a crítica aos críticos do PIB.

Alguns dos melhores estudos sobre distribuição de renda (Piketty, 2014) mostram que, quando a economia (PIB) cresce menos que o rendimento médio dos ativos, a concentração de renda tende a aumentar. Algumas medidas de concentração de renda e patrimônio usam agregados de contas nacionais como denominador (ex: percentual da renda e do patrimônio com o 1% mais rico da população).

As contas nacionais, então, mesmo não tendo sido elaboradas para definir políticas de distribuição de renda, têm que ser acompanhadas por quem elabora essas políticas.

A própria estrutura das contas nacionais tem agregados melhores que o PIB para quem faz análises de qualidade de vida, como o consumo das famílias, sua renda disponível e sua poupança. E a evolução desses agregados no tempo não pode ser deixada de lado por quem quer entender as mudanças na vida dos residentes de um país ou região.

O PIB se tornou um indicador pop, do tipo que todos citam mas pouca gente entende. Isso aconteceu por dois motivos. O primeiro é ser um indicador resumo, que sintetiza o estado geral da economia do ponto de vista de quanto o país gera de renda. O segundo motivo é ter se transformado em uma espécie de denominador universal para grandes números.

Valores da ordem de dezenas ou centenas de bilhões de reais – do tipo em que é difícil ter uma noção clara de ordem de grandeza – acabam sendo expressos em percentual do PIB.

Assim, pensamos na carga tributária em percentual do PIB, na poupança do país em percentual do PIB e até em valores que não têm muito a ver com renda como percentual do PIB.

Não é incomum ver nos jornais comparações entre uma grande empresa e o PIB. Essa não é uma comparação das melhores. O valor de uma empresa é um estoque, um valor acumulado ao longo de anos, ou décadas, e apresentado a preços de uma data específica. O PIB não é um estoque, é um fluxo, é o que foi gerado de renda ao longo de um ano ou de um trimestre.

A comparação entre o valor de mercado da Microsoft e o PIB de um país, então, tem problemas (mas continua oferecendo alguma informação sobre ordem de grandeza).

As contas nacionais também apresentam medidas de patrimônio, de riqueza.

Poucos países produzem todas as contas previstas no sistema de contas nacionais – e o bloco sobre patrimônio é, normalmente, um dos últimos a serem produzidos.

A conta de patrimônio se divide em patrimônio financeiro (conta que o Brasil já produz) e patrimônio não-financeiro (que ainda não produzimos).

O patrimônio financeiro inclui títulos de dívida, papel moeda, depósitos bancários, moeda estrangeira, ouro monetário, ações, derivativos e afins. Com exceção do ouro monetário, todo ativo financeiro é passivo de alguém. Quer dizer: se um ativo financeiro é um direito a receber alguma coisa, na outra ponta, quem emitiu o ativo tem um passivo, uma obrigação de pagar (moeda e depósitos são passivos para o sistema bancário).

Os ativos não-financeiros não têm um passivo associado: são bens como imóveis, máquinas, fábricas, patentes, terrenos e originais de obras de arte. A dificuldade em produzir contas de patrimônio está em reunir informação sobre esses ativos levando em conta sua vida útil e seu estado de depreciação.

A depreciação dos ativos não financeiros faz com que seja preciso ter investimentos novos todo ano apenas para manter a capacidade produtiva de um país, para manter seu estoque de ativos não financeiros.

Conhecendo o estoque de patrimônio não financeiro de um país (por tipo de ativo) e as taxas de

11

depreciação de cada ativo, é possível calcular o Produto Interno Líquido (PIL), quer dizer: quanto foi gerado de renda além do necessário para manter o estoque de ativos não financeiros.

Os manuais de contas ambientais propõem que, depois de calcular o Produto Interno Líquido, se calcule o produto com ajuste para o patrimônio ambiental, quer dizer: se calcule o PIB, o PIL e um PIL ajustado para a redução do estoque de ativos ambientais (água em reservatórios, madeira em florestas etc.). Assim se teria clareza sobre quanto da renda foi gerado reduzindo o estoque de ativos do país.

2 – Produtos, atividades e a tabela de recursos e usos

O ponto de partida das contas nacionais é a produção. A renda do país é gerada na produção. Mas somar o valor da produção de todos os residentes de um país não nos dará seu PIB. O resultado será um número bem maior que o PIB.

No valor da produção de uma caneta, por exemplo, está o valor da tinta e do plástico usados em sua produção.

Esses insumos, com frequência, são produção de outras empresas, são contados como produção de refinarias de petróleo ou de indústrias químicas. Para não contar o plástico duas vezes, temos que subtraí-lo do valor de produção da indústria de canetas.

Assim, temos um quadro como o 2.1, a seguir:

Quadro 2.1 – Valor adicionado

	Indústria de canetas
Valor da produção	100
Consumo intermediário de plástico	10
Consumo intermediário de tinta	15
Valor adicionado	75

O que a indústria de canetas gerou de renda foram os R$ 75, não os R$ 100 de sua produção.

Outra confusão comum entre as pessoas que começam a estudar Contas nacionais é entre quem faz e o que é feito: entre atividade e produto.

No exemplo acima, as canetas não geram renda. Quem gera renda é a indústria de canetas, é a atividade econômica, não o produto.

Para produzir as Contas nacionais é preciso ter dados de empresas, famílias produtoras e unidades do governo sobre quanto produziram de cada produto e que insumos usaram para isso. São as unidades produtoras que geram renda.

Essas unidades produtoras podem ser organizadas de acordo com a atividade que realizam. Assim, nas tabelas de recursos e usos das Contas nacionais, temos uma coluna pra cada atividade econômica: cada coluna reúne os dados das unidades locais cuja produção principal está classificada naquela atividade.

Em uma tabela bem agregada temos, por exemplo, colunas para agropecuária, indústria extrativa, indústria de transformação etc.

Com tabelas nesse formato, é possível ver a participação de cada atividade no total da renda gerada no país.

Mas a soma da renda gerada em todas as atividades ainda não será igual ao PIB. Na forma como os países o publicam, o PIB será maior do que a soma do valor adicionado. O PIB, ou PIB a preços de mercado, inclui também alguns impostos, em especial os que incidem sobre a venda dos produtos, como ISS e ICMS ou sobre o faturamento, como PIS e Cofins.

Além de mostrar a geração de renda a partir da produção, a tabela de recursos e usos a apresenta sob dois outros pontos de vista.

Um deles, conhecido como ótica da renda, decompõe o valor adicionado de cada uma das atividades econômicas em remunerações (salários e contribuições sociais), impostos (os que incidem sobre a atividade produtiva, como os sobre a folha de pagamento e taxas pagas para poder produzir, como a taxa de vigilância sanitária) e excedente operacional (o que fica com as empresas após pagar salários e impostos sobre a atividade).

Há um item nessa parte da tabela de recursos e usos, o rendimento misto, que é, na prática, uma mistura entre salários e excedente operacional. Esse item foi criado para receber os totais em que não é possível separar, no valor adicionado, quanto foi usado para remunerar o trabalho e quanto para remunerar os ativos usados na produção.

É o caso, por exemplo, de médicos donos do próprio consultório. Quanto do que recebem remunera suas horas de trabalho e quanto remunera o investimento que fizeram comprando uma sala e o equipamento médico com que trabalham?

Como essa separação é no mínimo imprecisa para médicos que não registram o consultório como pessoa jurídica (não têm CNPJ), o manual de contas nacionais recomenda que o total de sua remuneração seja registrado como rendimento misto (sem separar salário de excedente operacional).

O bloco de componentes do valor adicionado, nas tabelas de recursos e usos, tem também uma linha com o número de postos de trabalho ocupados em cada atividade. Ele não mostra o número de pessoas ocupadas. Em uma atividade como serviços de saúde, por exemplo, é comum um médico trabalhar em mais de uma empresa. Quando cada pessoa ocupada pode ter mais de um posto de trabalho, a diferença entre pessoas ocupadas e número de postos de trabalho ocupados pode ser grande.

3 – Os usos finais

Os dados da matriz de produção estão sempre a preços básicos. Para uma indústria, o preço básico é o preço na porta da fábrica, sem as margens de transporte e comércio e sem os impostos que incidem sobre a venda.

Os valores de produção que as empresas respondem em pesquisas como a Pesquisa Industrial Anual (usados como fonte na tabela de recursos e usos) são valores a preços básicos.

Como é calculado a partir da produção a preços básicos, o valor adicionado também é apresentado a preços básicos.

Mas as informações sobre consumo, investimento e exportações são apuradas a preços de consumidor (ou preços de mercado). Elas incluem o valor dos impostos sobre a venda dos produtos e suas margens de transporte e comercialização.

Assim, para comparar, produto a produto, os recursos (produção e importação) e os usos (consumo, investimento, variação de estoques e exportação), é preciso incluir na conta as margens e impostos que incidem sobre a venda desses produtos.

As tabelas de recursos e usos têm um bloco de margens e impostos, usado para passar do valor da oferta a preço básico para o valor a preços de consumidor.

As margens de comércio são a diferença entre o que os comerciantes gastam com a compra de produtos para revenda e sua receita de vendas.

A soma das margens de comércio de todos os produtos – e mais alguns serviços que segundo a CNAE[1] fazem parte do comércio – é igual ao valor da produção da atividade de comércio.

A margem de transporte se refere apenas ao transporte cobrado (faturado) separadamente. Quem recebe pelo correio um livro comprado pela internet pode ver, destacado em separado na nota fiscal, a margem de transporte associada a sua compra.

Quando o transporte de produtos é feito pelo produtor ou pelo comerciante (com seus próprios trens ou caminhões) ele é parte dos custos de produção do produtor ou comerciante, não é margem de transporte. Mesmo quando é feito por uma transportadora contratada por produtores ou

---

[1] Classificação Nacional de Atividades Econômicas (ver capítulo 11 – Classificações, definições e fronteiras).

comerciantes, se não for destacado em separado na nota fiscal de venda, o transporte é consumo intermediário do produtor ou comerciante, não é margem de transporte.

Impostos – A classificação dos impostos em impostos que incidem sobre a venda de produtos, impostos sobre a atividade produtiva (outros impostos sobre a produção) e impostos sobre renda e propriedade pode ser vista no quadro a seguir.

Quadro 3.1 – Impostos e contribuições sociais, por esferas de governo – Brasil 2014

Tributos	Impostos e contribuições sociais (1000 000 R$)			
	Total	Esferas de governo		
		Federal	Estadual	Municipal
Total	**1.892.661**	**1.219.807**	**529.326**	**143.528**
Impostos ligados à produção e à importação	893.218	412.759	404.665	75.794
Impostos sobre produtos	820.742	369.651	386.640	64.451
Impostos sobre o valor adicionado	434.016	49.204	384.812	
IPI	49.204	49.204		
ICMS	384.812		384.812	
Imposto sobre importação	36.611	36.611		
Outros impostos sobre produtos	350.115	283.836	1.828	64.451
imposto operações de crédito, câmbio e seguro, ou sobre operações relativas a títulos ou valores mobiliários	29.749	29.749		
Imposto sobre serviços	55.411		1.509	53.902
Contribuição para financiamento da seguridade social - COFINS e Contribuição Social para o PIS (PIS/COFINS)	236.473	236.473		
Contribuição relativa a atividades de importação e comercialização de petróleo e seus derivados, gás natural e álcool	25	25		
Impostos sobre transmissão de bens imóveis inter-vivos	10.868		319	10.549
Demais	17.589	17.589		
Outros impostos ligados à produção	72.476	43.108	18.025	11.343
Impostos sobre a folha de pagamento	36.500	36.500		
Contribuição do salário-educação	18.275	18.275		
Contribuição para Sesi, Sesc, Senai e Senac	16.375	16.375		
Demais	1.850	1.850		
Outros impostos e taxas sobre a produção	35.976	6.608	18.025	11.343
Taxa de fiscalização das telecomunicações	2.758	2.758		
Taxa de vigilância sanitária	367	367		
Taxa fiscalização de serviço de energia elétrica	414	414		
Taxa de poder de polícia	7.117		4.498	2.619
Taxa de prestação de serviços	17.404		13.394	4.010
Outras contribuições econômicas	4.847		133	4.714
Demais	3.069	3.069		
Impostos sobre a renda e a propriedade	442.902	342.709	62.144	38.049
Impostos sobre a renda	319.548	279.224	29.074	11.250
IRPF	25.799	25.799		
IRPJ	109.002	109.002		
IRRF	144.405	144.405		
Demais	40.342	18	29.074	11.250
Outros impostos sobre a renda e a propriedade	123.354	63.485	33.070	26.799
IPTU	27.414		615	26.799
IPVA	32.455		32.455	
Contribuição social sobre lucro de pessoa jurídica	62.581	62.581		
Demais	904	904		
Contribuições aos institutos Oficiais de Previdência (inclusive FGTS e PASEP)	434.085	434.085		
Contribuições previdenciárias do funcionalismo público	117.568	30.226	57.816	29.526
Impostos sobre o capital	4.888	28	4.701	159
Impostos sobre transmissão de bens imóveis - causa mortis e doações	4.701		4.701	
Demais	187	28		159

Fonte: IBGE: http://www.ibge.gov.br/home/estatistica/economia/contasnacionais/2014/defaulttab_xls.shtm

Os impostos sobre produtos, como IPI e ICMS são os que afetam o preço ao consumidor mas não o preço básico (o recebido pelo produtor). Os impostos, nas contas nacionais, são agrupados de acordo com sua base de incidência.

Os usos de bens e serviços são divididos em usos intermediários (consumo intermediário) e usos finais. O consumo intermediário é o uso no processo de produção de outro bem ou serviço.

Produtos usados como investimento (formação bruta de capital fixo, na definição do manual de contas nacionais) também são usados na produção mas continuam existindo como produtos independentes depois de usados no processo de produção.

Um bem ou serviço é formação bruta de capital fixo (FBCF) quando é usado continuamente no processo de produção por um período de pelo menos um ano. Objetos de pequeno valor, como ferramentas, não são considerados FBCF embora sejam usados continuamente no processo de produção.

A edição 2008 do manual de contas nacionais incluiu os serviços de Pesquisa e desenvolvimento e de Exploração mineral como FBCF.

Quando se faz a pesquisa do subsolo (exploração) para identificar se há petróleo ou outros minerais na região, toda a despesa com a exploração geológica é contada como FBCF, mesmo que nenhum minério seja encontrado.

A lógica usada para justificar essa inclusão é que a Exploração mineral – assim como a Pesquisa e desenvolvimento – gera conhecimento que será usado no processo de produção, mesmo que seja só para estabelecer o mapeamento geológico da região.

O manual de 2008 definiu também que armas de alto potencial destrutivo, mísseis balísticos, por exemplo, passam a ser classificados como FBCF. A justificativa para essa inclusão foi que o míssil geraria um "serviço de dissuasão", inibindo possíveis ataques a seu possuidor.

Além da FBCF, o único item dos usos finais que continua existindo após o fim do período contábil é a variação de estoques.

A variação de estoques não mostra o estoque de cada produto no país, mostra quanto foi acrescentado ou retirado desse estoque no ano (ou no trimestre).

Por definição, apenas empresas e famílias produtoras têm estoques (e variações de estoques). O SCN considera que famílias consumidoras consomem imediatamente tudo que compram.

Assim, quando uma família que não inclui taxistas (ou motoristas de Uber ou de vans) compra um carro, ela consome esse carro no ano em que faz a compra – mesmo que fique anos pagando suas prestações.

O consumo das famílias, nas contas nacionais, tem uma série de definições que o distinguem do consumo apresentado em pesquisas de orçamento familiar.

A primeira é a ilustrada com o exemplo do carro, acima. Uma pesquisa de orçamento familiar apura quanto as famílias gastaram com cada bem ou serviço no período de referência da pesquisa.

A pesquisa pergunta a despesa com aquisição de automóvel: as parcelas pagas no período. As contas nacionais mostrarão a parte da produção ou importação que teve como destino o consumo das famílias.

As contas separam ainda as compras de carros feitas pelas famílias em consumo final e FBCF (compras de taxis, por exemplo), com estimativas a partir de dados sobre emplacamento.

Da mesma forma, a pesquisa de orçamento apura quanto as famílias gastaram com planos de saúde: a despesa com as mensalidades.

Para as contas nacionais, o plano de saúde é um serviço de intermediação (não inclui o serviço de saúde com pagamento intermediado por ele). A produção do serviço de planos de saúde é igual à receita da operadora com mensalidades mais o rendimento de suas reservas técnicas menos sua despesa assistencial. É esse o serviço de intermediação consumido pelas famílias.

Mesmo que uma empresa pague o plano de saúde de seus funcionários, para as contas nacionais, a despesa da empresa é registrada como remuneração dos funcionários e o consumo do serviço de planos de saúde é todo das famílias.

Os serviços de saúde pagos via planos são contados diretamente como consumidos pelas famílias. Por isso, o consumo desses serviços será maior que o das pesquisas domiciliares – que só contabilizam o que é pago diretamente pelas famílias (sem a intermediação de planos).

Outra diferença significativa entre o consumo das famílias nas contas nacionais e ponderadores de índices como o do Índice de Preços ao Consumidor Amplo (IPCA) é o aluguel imputado.

No Brasil, a Pesquisa de Orçamentos Familiares pergunta aos residentes de imóveis próprios quanto acham que pagariam de aluguel se alugassem o imóvel em que moram. Mas esse item, conhecido como aluguel imputado, não faz parte da cesta de consumo que pondera o IPCA.

Para as contas nacionais é importante incluir o aluguel imputado na produção e no consumo final.

Para as contas, imóveis são sempre FBCF. Eles são como máquinas que produzem serviços – no caso dos imóveis residenciais, serviços de habitação. Esse serviço pode ser vendido a outras famílias (aluguel efetivo) ou pode ser consumido pelo dono do imóvel (aluguel imputado).

Assim, a proporção de imóveis residenciais alugados e habitados pelos proprietários não afeta o

PIB, pois, para os imóveis próprios, se estima um aluguel.

A presença do aluguel imputado na cesta de consumo das famílias nas contas nacionais tende a fazer com que a variação de preços do consumo das famílias se descole do IPCA médio, pois o aluguel imputado representa cerca de 10% do consumo final das famílias e, com frequência, os preços dos aluguéis têm movimentos bem diferentes dos da média do consumo das famílias.

Para cada produto (apresentado nas linhas da tabela de recursos e usos) o total da oferta tem que ser igual ao total da demanda.

Quer dizer:

$$produção + importação$$
$$+\ margens\ e\ impostos$$
$$=\ exportação$$
$$+\ consumo\ intermediário$$
$$+\ consumo\ final + FBCF$$
$$+\ variação\ de\ estoques$$

Tudo que é produzido ou importado é usado de alguma forma no período.

Rearrumando a fórmula, podemos ver que:

$$produção + margens\ e\ imposto$$
$$- consumo\ intermediário = PIB$$

e que, então:

$$usos\ finais - importação = PIB$$

Assim, chegamos à terceira ótica do PIB: ele também é igual à soma dos usos finais menos importações.

Como os usos finais já estão a preços de consumidor, não é preciso somar margens e impostos para calculá-los (diferentemente da ótica da produção).

Assim, quando se fala do consumo como proporção do PIB, não se comete nenhuma impropriedade, pois o consumo é um dos componentes do PIB na ótica dos usos finais. O mesmo vale para o investimento (FBCF) e para as exportações.

O batimento entre recursos e usos por produto é um dos processos que dão qualidade ao sistema de contas nacionais. Na prática, ele significa conferir várias estatísticas, usando uma para criticar a outra.

Dados de comércio exterior, pesquisas de empresas, arrecadação tributária, pesquisas domiciliares e outras fontes externas são confrontados para que sua coerência seja checada e se chegue aos resultados mais consistentes possíveis.

4 – A renda nas contas econômicas integradas

As tabelas de recursos e usos têm informações por produto e por atividade. Os dados por atividade econômica vêm das unidades locais das empresas. Empresas grandes, com muitas unidades e diferentes atividades, têm seus dados abertos por unidade.

A Petrobrás, por exemplo, tem grande participação tanto na extração quanto no refino do petróleo. Suas unidades, então, são divididas para que os dados por atividade sejam os mais homogêneos possíveis.

Essa separação é possível para dados como produção, compra de insumos e pagamento de salários, mas não para pagamento de juros e dividendos ou pagamento de imposto de renda.

Para esses dados, não há como separar as unidades locais de uma empresa.

Assim, para os fluxos de renda que ocorrem após a geração do excedente operacional bruto, a análise é feita de forma mais agregada, em outra tabela, a conta econômica integrada (CEI).

Para essa conta, os residentes da economia são definidos como unidades institucionais. Uma unidade institucional é alguém com autonomia de decisão, que pode assinar contratos e manter uma contabilidade própria: é uma família, uma empresa ou um órgão público.

As unidades institucionais são agregadas em cinco grupos ou setores institucionais: empresas financeiras, empresas não financeiras, governo, famílias e instituições sem fins de lucro a serviço das famílias.

O último grupo reúne ONGs, igrejas, partidos políticos, clubes e associações de classe, que, no Brasil, representam cerca de 1% da economia.

As CEI são organizadas em subcontas que começam com um recurso (ex: saldo das rendas primárias), abatem desse recurso os usos (gastos) e somam novos recursos para chegar a um novo saldo - que alimenta a conta seguinte.

É assim, somando aposentadorias, pensões, seguro desemprego e outros benefícios sociais como recursos das famílias (e usos do governo), impostos sobre renda (usos de famílias e empresas e recursos do governo) e outras transferências que as CEI chegam à renda disponível bruta de cada setor institucional.

A renda disponível é o recurso que abre a conta de uso da renda. O uso, nessa conta, é o consumo final de famílias, ISFL e governo (as empresas, por convenção, não têm consumo final) e o saldo que fecha a conta é a poupança de cada setor institucional.

A poupança então é calculada como saldo entre a renda disponível e o consumo final. Ela é usada como recurso na conta seguinte: a Conta de capital. Os usos dessa conta são a formação bruta de capital fixo e a variação de estoques.

Poupança menos FBCF e variação de estoques (+ outras transferências de capital, um item menor na conta) levam à capacidade ou necessidade de financiamento, isto é, quanto cada setor institucional tinha para financiar os demais ou de quanto precisou para financiar investimentos acima de sua poupança.

A capacidade/necessidade de financiamento encerra a parte não financeira das CEI. A parte seguinte, a conta financeira, mostra o fluxo e ativos financeiros usados para que um setor financie outro (ou o resto do mundo).

5 – Conta financeira e conta de patrimônio

A conta financeira mostra a variação no valor dos ativos e passivos financeiros entre o início e o fim do período contábil (ano ou trimestre). Ela apresenta essa variação para cada tipo de ativo financeiro.

Quando uma empresa emite um título de dívida, ela aumenta seu passivo. Quem compra o título aumenta seu ativo em títulos de dívida.

Quem emite qualquer título financeiro – e se torna, então, responsável por um pagamento futuro – aumenta seu passivo. Se o título é resgatado (recomprado pelo emissor), o passivo em títulos diminui.

Uma empresa que emite novas ações aumenta seu passivo. O Banco central, quando emite moeda, aumenta também seu passivo.

Os bancos comerciais, por multiplicarem a base monetária, contabilizam a moeda e os depósitos de clientes como um passivo – são também emissores de moeda. Assim, quando um banco empresta moeda a uma família, ele aumenta seu passivo em moeda e, ao mesmo tempo, aumenta seu ativo em títulos de dívida.

Como contrapartida, do lado das famílias, essa operação aumenta os ativos em moeda e os passivos em títulos de dívida.

Quase todo ativo financeiro é um passivo para quem o emitiu. O único ativo financeiro que não é passivo de ninguém (não tem um emissor) é o ouro monetário, o ouro que compõe as reservas dos bancos centrais.

Os direitos especiais de saque, reservas que os países mantêm no Fundo monetário internacional (FMI), são considerados pelo sistema de contas nacionais como passivo do resto do mundo (e ativo da cada país detentor de reservas no FMI).

O saldo da conta financeira é igual à capacidade/necessidade de financiamento. Quer dizer, essa conta apresenta o saldo das emissões e resgates de ativos financeiros com que os setores institucionais (e o resto do mundo) ajustam o saldo entre o que pouparam e que investiram.

O estoque acumulado de ativos e passivos financeiros por cada setor institucional (por tipo e ativo) forma a primeira parte das contas de patrimônio: a conta e patrimônio financeiro.

Até aqui, as contas nacionais apresentavam fluxos referentes a períodos de tempo. Nas contas de patrimônio trataremos de estoques e teremos como referência o valor desses estoques em um determinado dia (ex: valor em 31 de dezembro).

Nas contas de patrimônio, falamos efetivamente de riqueza, de estoque de ativos acumulados.

Além do patrimônio financeiro – que, no Brasil é calculado em um convênio entre IBGE e Banco central – existe também o patrimônio não financeiro, o estoque de construções, terrenos, máquinas e equipamentos, patentes, originais de obras de arte e outros ativos acumulados ao longo do tempo.

O Brasil ainda não produz a conta de patrimônio não financeiro. Os países que a produzem usam métodos como o do inventário permanente – que acumula séries históricas de investimento por tipo de ativo (cada um com a respectiva vida útil e taxa de depreciação no tempo) para estimar o valor do patrimônio não-financeiro acumulado.

Uma vez que o patrimônio não financeiro seja estimado pela primeira vez, ele pode ser atualizado levando em conta quatro informações:

- o investimento, por tipo de ativo, no ano seguinte,

- a depreciação dos ativos no ano seguinte,

- a conta de outras variações no volume de ativos

- a conta de reavaliação.

Essas duas últimas contas também não são produzidas no Brasil. A primeira delas, nos países que a produzem, apresenta variações no volume de ativos que não estão relacionadas a transações no mercado ou a outros fluxos entre unidades institucionais. São mudanças no estoque de ativos associadas a eventos como guerras, terremotos ou à descoberta de novas jazidas de minério.

Jazidas, assim como terrenos, são ativos não produzidos, quer dizer: fazem parte do patrimônio embora nunca tenham feito parte da produção. Nas estimativas do patrimônio inicial, o método do inventário permanente não é suficiente para contabilizá-los, sendo preciso usar informações complementares.

A conta de reavaliação está relacionada a mudanças de preços dos ativos. A conta de patrimônio deve ser produzida a preços de um determinado dia. Mudanças no preço dos ativos desde a elaboração da conta anterior têm de ser contabilizadas. É para isso que foi criada a conta de reavaliação.

6 – Serviços financeiros e seguros

Parte dos serviços financeiros prestados pelos bancos comerciais é cobrada diretamente dos clientes na forma de tarifas bancárias e cobrança por serviços. Mas há também uma parte cobrada de forma indireta, como diferencial de juros.

Essa parte, conhecida como Serviço financeiro indiretamente medido (*Sifim*) é gerada apenas por instituições financeiras que podem captar e emprestar recursos em seu próprio nome. Um banco comercial faz parte desse grupo, um fundo de investimento, não. Neste capítulo, essas instituições serão chamadas de bancos, mas elas incluem qualquer instituição financeira que possa captar e emprestar recursos próprios em vez de apenas alocar recursos de associados (como corretoras, bolsas de valores etc.).

A diferença entre os juros recebidos pelos bancos e os juros pagos por eles quando captam recursos faz parte da remuneração do sistema bancário pelo serviço de intermediação financeira que presta.

O valor de produção da atividade serviços financeiros leva em conta tanto os serviços diretamente medidos (taxas e tarifas) quanto os serviços indiretamente medidos (diferencial de juros).

Mas se, para os serviços diretamente medidos, é fácil identificar o destino da produção (quem consome), para os indiretamente medidos o processo é um pouco mais elaborado.

A primeira parte envolve separar a parte do emprestador da parte do credor no pagamento pelo serviço de intermediação.

Para isso, é preciso adotar uma taxa de juros de referência com a qual as taxas cobradas e pagas pelos bancos possam ser comparadas.

Nas contas nacionais do Brasil, para empréstimos nacionais, essa taxa é a Selic (Sistema Especial de Liquidação e Custódia), fixada pelo Banco Central para a correção de títulos da dívida pública.

A parte do serviço financeiro paga aos bancos pelos depositantes é igual à taxa Selic menos a taxa média recebida por esses depositantes vezes o total de depósitos:

(taxa Selic —
taxa recebida pelos depositantes) ⁎
valor dos depósitos

A parte paga pelos devedores é igual à taxa média recebida pelos bancos menos taxa Selic vezes o total de empréstimos:

$$(taxa\ paga\ pelos\ devedores - taxa\ Selic)$$
$$* valor\ dos\ empréstimos$$

O passo seguinte é separar os totais de empréstimos e depósitos em consumo final e consumo intermediário.

A separação do ativo e do passivo dos bancos entre pessoas físicas e jurídicas é feita a partir do Plano Contábil das Instituições do Sistema Financeiro Nacional, consolidado pelo Banco Central.

As informações sobre pagamento de juros são usadas para distribuir os dados de pessoas jurídicas por empresas, instituições sem fins de lucro a serviço das famílias e governo. O crédito à pessoa física determinará o consumo final.

Por fim, o consumo intermediário de cada setor institucional é rateado pelas atividades econômicas

40

que têm unidades nesse setor, proporcionalmente ao seu valor adicionado.

A partir da Referência 2010, o sistema de contas nacionais do Brasil passou a incluir também a importação e a exportação de serviços financeiros indiretamente medidos (Sifim). Elas são estimadas a partir da Posição de Investimento Internacional, do Balanço de Pagamentos e usam como referência a *London interbanc offered rate* (Libor).

A atividade de Aluguel imputado consome serviços financeiros associados a financiamentos imobiliários.

Além dos bancos comerciais – que emprestam e recebem depósitos em seus próprios nomes – há vários outros grupos de empresas na atividade Intermediação financeira, seguros e previdência complementar.

Segundo o SCN, o Banco Central, por praticar intermediação financeira, faz parte desse grupo e não da atividade Administração pública.

Corretores de títulos, fundos de investimento, bancos de investimento e a própria Bolsa de Valores fazem parte desse grupo.

Além deles, seguradoras, Fundos de pensão e Planos de saúde também fazem parte dessa atividade.

No caso das seguradoras e planos de saúde, seu valor de produção está associado apenas ao serviço de intermediação que prestam e ao rendimento de suas reservas técnicas.

Por exemplo: um plano de saúde que recebe R$ 1.000 de seus associados, tem despesas com assistência à saúde de R$ 900 e uma receita de R$ 150 com a aplicação de suas reservas técnicas (provisões para despesas futuras) terá um valor de produção de R$ 250:

$$VP = 1000 - 900 + 150 = 250$$

As despesas assistenciais do plano são contadas como despesas das famílias com consumo de serviços de saúde – e não como consumo de serviços financeiros.

O serviço prestado pelo plano é um serviço de intermediação: ele funciona como uma seguradora, pulverizando riscos entre seus associados e ao longo do tempo.

7 – Aluguel de imóveis residenciais

A construção de casas e apartamentos, no SCN, é sempre investimento, é sempre formação bruta de capital fixo.

Esse investimento gera renda ao longo do tempo. Quando um imóvel é alugado, essa renda é o valor do aluguel.

Mas, quando o dono do imóvel mora nele, é preciso estimar quanto ele pagaria de aluguel se pagasse.

Sem essa estimativa, um país com uma proporção maior de imóveis alugados teria um PIB maior que um exatamente igual mas em que a proporção de imóveis alugados fosse menor.

Além disso, as medidas de renda do patrimônio seriam bastante distorcidas.

Para o SCN, um imóvel residencial produz um serviço de habitação para seu proprietário. E, se o imóvel é ocupado pelo proprietário, é preciso usar métodos estatísticos para estimar seu aluguel.

A Pesquisa nacional por amostra de domicílios contínua (PNADC) apura, em todas as suas entrevistas, o valor do aluguel pago pelos moradores de imóveis alugados. É esse valor que vai ser contado como consumo de aluguel efetivo das famílias nas contas nacionais.

Para estimar o aluguel imputado, será preciso usar outras informações, entre elas, as de características do imóvel, apuradas na primeira entrevista de cada domicílio.

A PNAD Contínua é um painel rotatório. Nela, cada domicílio selecionado é visitado cinco vezes pelos entrevistadores, com um intervalo de três meses entre cada entrevista.

A cada três meses, um quinto da amostra é substituído e os novos domicílios selecionados respondem a, além dos blocos comuns sobre emprego e renda, um bloco sobre as características do domicílio (número de quartos, número de banheiros etc.).

O primeiro passo para estimar o aluguel imputado é montar, a cada trimestre, uma base com todas as entrevistas da PNADC feitas naquele trimestre e os dados de características dos imóveis apurados na primeira entrevista de cada um desses domicílios.

Essa base de dados inclui também características da pessoa de referência desse domicílio (renda, idade etc.) e do setor censitário onde o domicílio está (essas últimas, extraídas do Censo populacional).

As características do setor censitário são necessárias para diferenciar domicílios com características físicas iguais (apartamento com três quartos, dois banheiros etc.) mas em áreas mais valorizadas que, por isso, têm aluguéis mais altos.

Montada a base de dados para o trimestre, é feita uma calibração dos pesos amostrais para os domicílios alugados.

Em uma pesquisa domiciliar por amostra, todo domicílio tem um peso, um número que indica quantos domicílios ele representa no universo pesquisado. O peso de um domicílio é igual ao inverso da sua probabilidade de seleção, com tratamentos para não-respostas. Quer dizer: se um em cada 100 domicílios for selecionado, cada domicílio terá peso 100. Mas, se 10% dos domicílios selecionados não responderem, o peso dos que responderam será aumentado para que os que responderam passem a representar todo o universo da pesquisa.

A estimativa do aluguel imputado muda os pesos dos imóveis alugados de modo que eles passem a representar todo o universo pesquisado. Ela trata os imóveis próprios como se fossem não-respostas a uma pesquisa.

Assim, montada a base de dados, se verifica quais as características dos imóveis alugados que estão mais associadas ao valor do aluguel.

Depois, estimam-se novos pesos para os imóveis alugados, de modo que os novos pesos sejam os mais próximos possível dos antigos mas que, multiplicando seu valor por uma das características selecionadas, o total seja igual à soma para o total de imóveis (próprios e alugados).

Esse processo, conhecido como calibração, é, na prática, uma minimização com restrição. Ele minimiza a distância entre os pesos originais e os novos (calibrados) com a restrição de que o produto dos novos pesos pelas variáveis escolhidas (para os imóveis alugados) seja igual ao produto dos pesos antigos por essas variáveis (para o total de imóveis).

O resultado é que se obtém pesos que permitem expandir os dados dos imóveis alugados para o universo coberto pela pesquisa.

Essa expansão preserva a proporção das características que afetam o valor do aluguel.

Multiplicando o novo peso pelo valor do aluguel se obtém uma estimativa de aluguel total (para todos os domicílios particulares permanentes do país). Subtraindo daí os aluguéis efetivos, temos o aluguel imputado.

8 – Governo

O setor institucional governo, nas contas nacionais, abrange as unidades da administração federal, estadual e municipal, mas não inclui empresas como os bancos públicos e o Banco Central (que fazem parte do setor empresas financeiras).

As unidades locais do governo se distribuem por três atividades nas tabelas de recursos e usos: Saúde pública, Educação pública e Administração pública, defesa e seguridade social.

Como o governo vende uma parte pequena do que produz, não é possível calcular o valor de sua produção da mesma forma usada nas empresas.

No caso do governo, a produção é calculada a partir dos custos, somando compra de insumos (consumo intermediário), remunerações e uma estimativa da depreciação dos ativos usados na produção (imóveis, máquinas e equipamentos do governo).

Somando esses custos se obtém o valor da produção do governo.

O consumo do governo inclui, além de toda a sua produção não mercantil (tudo que não é vendido), bens e serviços produzidos pelos setores privados e comprados pelo governo para serem disponibilizados às famílias.

Exemplo disso são os serviços de saúde comprados em hospitais privados conveniados ao SUS. Embora sejam produção privada, eles são despesa de consumo final do governo: é o governo quem paga para que sejam postos à disposição das famílias.

O crescimento do volume de serviços do governo é medido de formas diferentes, dependendo da atividade econômica.

Nas contas nacionais, é preciso separar, na comparação dos valores de um ano com os do ano anterior, quanto do aumento tem a ver com o volume produzido e quanto tem a ver com variação de preços.

No caso da produção de serviços de saúde pública, por exemplo, a variação de volume é estimada a partir da variação no número de internações e de procedimentos ambulatoriais de cada período.

O próximo capítulo detalha melhor as formas de estimar as variações de volume e preço.

9 – Variações de volume e preço

A cada seis meses, aproximadamente, a área de contas nacionais do IBGE recebe um e-mail com o seguinte conteúdo (a forma varia, mas o conteúdo é esse):

"Vi nos jornais que o PIB de 2014 cresceu 0,5%, mas vi, na mesma matéria, que o PIB de 2014 foi de R$ 5 trilhões 778 bilhões 953 milhões e o de 2013, de R$ 5 trilhões 331 bilhões 619 milhões. Dividi um valor pelo outro e encontrei um crescimento de 8,4%, muito maior que o 0,5% divulgado.

Escrevo para avisar que o crescimento que os senhores divulgaram (0,5%) está errado. A economia, em 2014, cresceu 8,4%."

A resposta tradicional a esse e-mail passa pela diferença entre variação de valor, variação de volume e variação de preços.

Para um produto isolado, a análise é simples:

Ano 1		Ano 2
10 canetas		12 canetas
Valor = R$ 5		Valor = R$ 9
Preço = R$ 0,50		Preço = R$ 0,75

A variação de valor, nesse caso, foi de 80%:

$$\frac{9}{5} - 1 = 0,8$$

A variação de volume foi de 20%:

$$\frac{12}{10} - 1 = 0,2$$

A variação de preço foi de 50%:

$$\frac{0,75}{0,5} - 1 = 0,5$$

Multiplicando os índices de variação (1 + variação) de volume e de preço (1,2 e 1,5) obtemos o índice de variação de valor:

$$1,5 \times 1,2 = 1,8$$

A conta fica um pouco mais elaborada quando envolve vários produtos diferentes, cada um com suas variações de volume e preço de um ano para o outro.

Ex:

Ano 1
Canetas
10 unidades
Valor = R$ 5
Lapis
20 unidades
Valor = R$ 8

Ano 2
Canetas
12 unidades
Valor = R$ 9
Lapis
22 unidades
Valor = R$ 10

Nesse caso, qual a variação agregada de volume e qual a variação de preços?

A variação de valor será 46%:

$$\frac{9 + 10}{5 + 8} = 1,46$$

Mas, se podemos somar reais independentemente de a que produto se relacionam, o mesmo não vale para lápis e canetas.

Calculando o valor de canetas e lápis no ano 2 a preços do ano 1, podemos calcular as variações de volume e preço do total (lápis + canetas).

O valor das canetas no ano 2 a preços do ano 1 será igual ao valor das canetas no ano 1 vezes seu índice de volume:

$$5,0 \times 1,2 = 6,0$$

O mesmo vale para os lápis.

Assim, no ano 2, temos um total de 14,8 de canetas + lápis (a preços do ano 1). A tabela abaixo tem os dois itens e sua soma.

Dividindo 14,8, por 13,0 (o total no ano 1), temos um crescimento de 14% para o total de canetas e lápis. Esse crescimento de 14% é uma média ponderada entre os crescimentos de 20% (canetas) e 10% (lápis), em que o ponderador é o valor corrente no ano 1.

Por isso, nosso índice de volume é um índice de *Laspeyres*: um índice agregado em que as variações de cada produto são ponderadas pelo valor desse produto no período inicial.

Para os preços, o ponderador é o valor de cada item no ano 2 a preços do ano 1. O índice de preços calculado dessa forma é um índice de *Paasche*. Quer dizer: a variação agregada dos preços é uma média ponderada da variação de preço dos dois produtos (50% e 14%) e o ponderador é o valor de cada um deles no ano 2 a preços do ano 1 (6,0 e 8,8).

	Valor Ano 1	Índice de volume	Valor em Ano 2 a preços de Ano 1	Índice de preço	Valor Ano 2	Índice de valor
Caneta	5,0	1,20	6,0	1,50	9,0	1,80
Lapis	8,0	1,10	8,8	1,14	10,0	1,25
Total	13,0	1,14	14,8	1,28	19,0	1,46

Com a conta feita dessa forma, mesmo para o total, o produto do índice de volume pelo índice de preço será igual ao índice de valor:

$$\text{índice de volume}_{Laspeyres}$$
$$\times \text{índice de preços}_{Paasche}$$
$$= \text{índice de valor}$$

Qualidade – A maior parte das pessoas, quando pensa em inflação, pensa em índices agregados, como o Índice de Preços ao Consumidor Amplo (IPCA). Esses índices são uma média ponderada da variação de preço de vários produtos.

Para cada produto, o ideal é que a variação de preços entre dois períodos reflita mudanças apenas no preço do produto, quer dizer, que se compare o preço do arroz, 1kg, marca X comprado no lugar Y em períodos diferentes. A definição dos produtos não deve mudar ao longo do tempo.

Mudanças na qualidade do que é produzido ou consumido, devem afetar o índice de volume. Assim, variações de volume incluem variações de quantidade e qualidade.

Essa é uma das razões porque é muito comum calcular a variação de volume de serviços por deflação. Como o índice de preços específico de um determinado serviço reflete apenas preços, dividindo o índice de valor pelo índice de preços, tem-se um índice de volume que incorpora diferenças de quantidade e qualidade no serviço oferecido.

Mesmo para bens (além dos serviços) em que há mudanças de tecnologia frequentes, como *smartphones* e *tablets*, a deflação pode ser um método melhor que a medida direta de unidades produzidas, dependendo do nível de detalhe como que essas unidades são reportadas e da cobertura (representatividade) do índice de preços para esse produto.

No fim, como para todos os componentes das contas nacionais, serão a qualidade, a abrangência e a disponibilidade dos dados primários que determinarão se se deve usar índices de volume medidos diretamente ou índices calculados por deflação.

10 – As contas trimestrais

Na produção de todo tipo de estatística, é preciso escolher entre ter dados mais completos e detalhados (mas demorar mais para apurá-los e consolidá-los) ou ter dados parciais publicados em prazos mais curtos.

No caso das contas nacionais, o padrão é escolher as duas coisas: ter uma publicação completa e detalhada – publicada com dois anos de defasagem – e uma publicação conjuntural, publicada a cada trimestre, cerca de 60 dias após o fim do trimestre.

As contas trimestrais, então, são feitas a partir de dados conjunturais, de fontes como as pesquisas mensais de indústria, comércio e serviços.

A Pesquisa Nacional por Amostra de Domicílios Contínua e registros administrativos como os de atendimentos ambulatoriais e internações – do Datasus – também alimentam a base de dados das contas trimestrais.

A relação de dados conjunturais inclui ainda índices de preços (IPCA, IPP, IPA) e outros registros da administração pública.

As contas trimestrais são mais agregadas que as contas anuais, mas têm a virtude de – além de estarem disponíveis em um prazo mais curto – terem uma frequência mais alta (trimestral).

Essas diferenças levam aos três tópicos abaixo:

- Encadeamento de séries
- *Benchmarking* (ajuste das séries trimestrais às séries anuais)
- Ajuste sazonal.

10.1 – Encadeamento de séries

Nas contas de um determinado trimestre, os índices de volume e preço usados para estimar produção, consumo etc. têm como base o ano anterior.

Por exemplo: se um produto tem um índice acumulado na Pesquisa Industrial Mensal como na tabela abaixo, suas variações de volume no primeiro e no segundo trimestre serão de 3,7% e 6,0%.

Aplicando-se esses índices de volume aos valores associados a eles em 2013 tem-se valores para o primeiro e o segundo trimestre de 2014 a preços de 2013 para esses produtos.

Como estão a preços médios de 2013, para estimar seus valores correntes será preciso usar um índice de preços que compare o preço médio de 2013 ao preço do trimestre que se quer estimar em 2014, quer dizer: um índice de preços calculado da mesma forma como o índice de volume foi calculado.

Quadro 10.1 – Série mensal, série acumulada, médias e índices trimestrais

Mês	Variação no mês (série artificial)	Série acumulada Base = 1	Médias do ano e do trimestre	Variação no trimestre
Jan-13	1.16	1.0116		
Feb-13	0.19	1.0134		
Mar-13	0.42	1.0177		
Apr-13	1.06	1.0284		
May-13	0.03	1.0288		
Jun-13	1.95	1.0488		
Jul-13	-0.87	1.0397		
Aug-13	-0.38	1.0357		
Sep-13	1.48	1.0510		
Oct-13	0.04	1.0514		
Nov-13	-0.04	1.0510		
Dec-13	0.34	1.0546	média ano → 1.0360	
Jan-14	1.36	1.0689		
Feb-14	0.49	1.0742		
Mar-14	0.64	1.0811	média tri → 1.0748	1,0748/1,0360 → 1.0374
Apr-14	0.97	1.0916		
May-14	0.81	1.1005		
Jun-14	0.26	1.1033	média tri → 1.0985	1,0985/1,0360 → 1.0603

Jan-13: $1 + 1{,}16/100$

Feb-13: $1{,}0116 \times 1{,}0019$

As contas trimestrais adotam a variação em relação à media do ano anterior porque ela fornece uma base mais estável (e livre de flutuações sazonais) para a estimativa dos valores de cada trimestre.

Além disso, com cada trimestre calculado dessa forma, basta somar os quatro trimestres de um ano para ter o total anual, e basta tirar a média da variação de volume de seus quatro trimestres para ter a variação anual.

Mas outro efeito de calcular as variações em relação à media do ano anterior é que, na hora de encadear essas variações para fazer séries de dados no tempo, esse encadeamento tem que ser feito também levando em conta que os índices mostram a variação em relação à média do ano anterior.

Assim, para encadear as variações de volume ou de preço das contas trimestrais é preciso multiplicar o índice de volume de cada trimestre pela média da série encadeada para os quatro trimestres do ano anterior.

As séries encadeadas de variação de volume das contas trimestrais são calculadas dessa forma.

Quadro 10.2 – Encadeamento de séries trimestrais

Ano - trimestre	Variação no trimeste	Média do ano anteior	Série encadeada base = 1 (média de 2012)
2013 - tri 1	1.0142	1	1.0142
2013 - tri 2	1.0353	1	1.0353
2013 - tri 3	1.0421	1	1.0421
2013 - tri 4	1.0523	1	1.0523
2014 - tri 1	1.0374	1.0360	1.0748
2014 - tri 2	1.0603	1.0360	1.0985
2014 - tri 3	1.0391	1.0360	1.0765
2014 - tri 4	1.0910	1.0360	1.1303
2015 - tri 1	1.0111	1.0570	1.0687

Variação no trimestre x média ano anteirior

10.2 – Benchmarking

O passo seguinte ao encadeamento é o ajuste das contas trimestrais às variações das contas anuais, de modo a ter, em uma mesma série, a qualidade das contas anuais e a frequência trimestral para os dados.

Nas contas trimestrais do Brasil esse ajuste é feito com o Método Denton, que minimiza a diferença entre ajustes sucessivos feitos nas taxas de crescimento trimestrais.

O Método Denton é uma minimização com restrição, em que a restrição é que, a cada ano, a variação de volume (e de preço) média dos quatro trimestres tem que ser igual à variação apurada nas contas anuais.

Nas contas trimestrais, esse ajuste é feito usando o pacote *tempdisagg* do software R.

Box 1 - O Denton, com o software R

O R é um software livre, disponível em :

https://cran.r-project.org/

Código em R para o ajuste Denton. As linhas começando com "#" são comentários sobre o código

Instalar pacote tempdisagg

```
  install.packages("tempdisagg ")

  library(tempdisagg)
```


Denton-Cholette para séries trimestrais

Definir os índices trimestrais encadeados (série artificial)

```
IndiceTri = c(94.13,        99.48,  105.09, 104.87,
    96.63,  103.32, 108.23, 108.87, 97.37,  104.65,
    107.81, 105.52, 96.94,  102.71, 105.79, 107.79,
    101.28, 105.28, 109.93, 112.72, 102.97, 108.32,
    110.22, 110.8,  103.06, 108.29, 112.08, 113.49,
    104.54, 107.09, 110.3,  114.06, 107.73, 114.04,
    119.26, 122.69, 112.99, 119.85, 123.25, 126.15,
    118.68, 123.11, 128.29, 133.22, 125.6,  131.39,
    135.72, 140.19, 132.77, 139.89, 146.19, 140.89,
```

```r
            129.89, 136.99, 145.3,   149.25, 141.56, 147.44,
            154.72, 157.85, 148.65, 154.99, 158.46, 160.18,
            151.18, 157.53, 164.12, 167.97, 155.92, 162.43,
            168.05, 170.57, 160.01, 160.69, 165.43, 168.12)
```

```r
# Definir os índices anuais encadeados

IndiceAno  = c(100.89,    105.26, 105.34, 104.31,
        109.5,   110.48, 111.53, 111.59, 118.93, 123.76,
        128.72, 135.93, 143.03, 142.56, 154.39, 157.57,
        163.4,   168.34, 167.06)
```

```r
# Em vez de ler os dados diretamente do código, é
possível extraí-lo de arquivos csv.

  #Definir o diretório de onde ler os dados

  setwd("C:/Pasta1 ")


  # Ler dados do arquivo csv (separado por vírgula
com pontos como marcadores de decimais)

  # IndiceTri  = read.csv( file = "IndiceTri.csv",
header = TRUE, row.names=1, sep = ",",
quote="\"", dec=".", fill = TRUE)
```

```r
# IndiceAno  =  read.csv( file = "IndiceAno.csv",
header = TRUE, row.names=1, sep = ",",
quote="\"", dec=".", fill = TRUE)


# Função para aplicar às séries
  ajusta = function (anual, trimestral){


    #formatar dados anuais como série temporal
    anual = ts(anual, start = 1996, frequency = 1)
     #formatar dados trimestrais como série
temporal
    trimestral = ts (trimestral, start = 1996, frequency
= 4)


    # Aplicar o método Denton
    novo = td(anual ~ 0 + trimestral, method =
"denton-cholette")


    # Gerar série ajustada
    saida = predict(novo)*4}
```

```r
# Aplicar função às séries em volume

IndiceTriNovo = ajusta (IndiceAno  ,IndiceTri  )


# Gravar o arquivo de saída
write.csv(IndiceTriNovo , file = "IndiceTriNovo.csv" ,
quote = TRUE,  eol = "\n")


# Fazer gráfico com a série original e a ajustada
plot (IndiceTriNovo, type = "l", col = "blue", main =
c("Índices com e sem ajuste à série anual") )

lines (ts(IndiceTri, start = 1996, frequency = 4),
col = "red")

legend("bottomright", legend = c("Ajustado", "Sem
ajuste"), col = c(4,10), lwd = c(1,2), lty = 1, bty = "n",
cex = 0.8)


# Ggravar gráfico
savePlot (paste("Ajuste Denton.jpeg"), type =
"jpeg"   )
```

10.3 – Ajuste sazonal

O ajuste sazonal, da forma como é feito nas contas trimestrais, é essencialmente uma sequência de médias móveis e saldos aplicados sobre a série que se quer dessazonalizar.

O objetivo do ajuste é retirar o padrão sazonal das séries. Séries de consumo tendem a crescer mais no quarto trimestre, por exemplo, por conta do décimo terceiro salário e das compras de Natal. Mas esse crescimento é "devolvido" no primeiro trimestre do ano seguinte, pois não era crescimento de fato, apenas um padrão associado ao calendário.

Para poder comparar dados de um trimestre com os dados do trimestre imediatamente anterior, é preciso retirar deles o efeito da sazonalidade (que, muitas vezes, é mais forte que o da variação não sazonal no período).

O processo de ajuste envolve fazer uma média móvel centrada da série, quer dizer, criar uma outra série em que o ponto associado a cada trimestre é uma média ponderada do ponto daquele mesmo trimestre na série original e dos pontos imediatamente anteriores e posteriores a ele.

Isso cria um problema nas pontas da série, onde faltam pontos para fazer a média. Trataremos desse problema mais adiante.

O passo seguinte do ajuste sazonal é fazer a diferença, para cada trimestre, entre a série original e a série com as médias móveis.

A série resultante, que chamaremos de série SI, é uma mistura de parte sazonal e parte irregular dos dados (irregular porque não é explicada nem pela tendência da série, sua média móvel, nem por sua sazonalidade).

Quadro 10.3 – Série original e série com media móvel

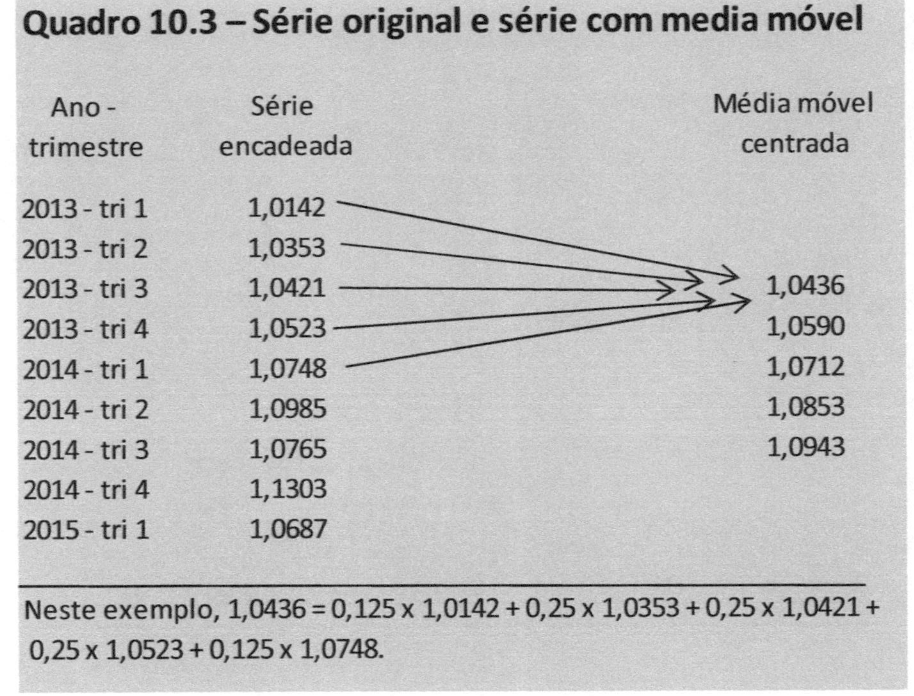

Ano - trimestre	Série encadeada	Média móvel centrada
2013 - tri 1	1,0142	
2013 - tri 2	1,0353	
2013 - tri 3	1,0421	1,0436
2013 - tri 4	1,0523	1,0590
2014 - tri 1	1,0748	1,0712
2014 - tri 2	1,0985	1,0853
2014 - tri 3	1,0765	1,0943
2014 - tri 4	1,1303	
2015 - tri 1	1,0687	

Neste exemplo, $1,0436 = 0,125 \times 1,0142 + 0,25 \times 1,0353 + 0,25 \times 1,0421 + 0,25 \times 1,0523 + 0,125 \times 1,0748$.

Quadro 10.4 – Série original, media móvel e série SI

Ano - trimestre	Série encadeada	Média móvel centrada		Série SI
2013 - tri 1	1,0142			
2013 - tri 2	1,0353			
2013 - tri 3	1,0421	1,0436	$\dfrac{1,0421 - 1,0436}{} \longrightarrow$	-0,0014
2013 - tri 4	1,0523	1,0590		-0,0067
2014 - tri 1	1,0748	1,0712		0,0035
2014 - tri 2	1,0985	1,0853		0,0132
2014 - tri 3	1,0765	1,0943		-0,0178
2014 - tri 4	1,1303			
2015 - tri 1	1,0687			

Quadro 10.5 – Série SI e média móvel "saltada"

Ano - trimestre	Série SI	Série saltada
2012 - tri 1	0,0335	
2012 - tri 2	0,0382	
2012 - tri 3	0,0136	
2012 - tri 4	0,0083	
2013 - tri 1	0,0185	
2013 - tri 2	0,0232	
2013 - tri 3	-0,0014	
2013 - tri 4	-0,0067	
2014 - tri 1	0,0035	0,0141
2014 - tri 2	0,0132	0,0221
2014 - tri 3	-0,0178	- 0,0068
2014 - tri 4	0,0033	0,0038
2015 - tri 1	0,0135	
2015 - tri 2	0,0232	
2015 - tri 3	-0,0078	
2015 - tri 4	0,0083	
2016 - tri 1	0,0185	
2016 - tri 2	0,0282	
2016 - tri 3	-0,0028	
2016 - tri 4	0,0133	

Neste exemplo, $0,0141 = (1/9) \times 0,0335 + (2/9) \times 0,0185 + (3/9) \times 0,0035 + (2/9) \times 1,0135 + (1/9) \times 0,0185$.

O ajuste sazonal continua com uma média móvel "saltada", da série SI. Na prática, isso significa fazer uma média móvel dos primeiros, segundos, terceiros e quartos trimestres.

Em seguida, a média saltada passa por uma normalização: cada termo é dividido por uma média ponderada dos valores da série saltada para dois trimestre antes, o próprio trimestre e os dois trimestres seguintes. Assim, media anual dos componentes sazonais será próxima de 1 (séries multiplicativas) ou de zero (series aditivas)[2].

O resultado dessa normalização é a primeira estimativa do componente sazonal (S) da série.

Criando uma série igual à serie original menos essa série S, temos a primeira estimativa de série com ajuste sazonal.

O pacote estatístico que faz esse ajuste automaticamente (X-13 Arima), no entanto, não para nesse ponto. Depois de calcular a primeira estimativa da série com ajuste sazonal, ele reinicia o processo

---

[2] Nas séries decompostas de forma aditiva (como a deste exemplo), Série original (Y) = Tendência (T) + Sazonalidade (S) + Componente irregular (I).
Nas séries decompostas de forma multiplicativa, Y = T x S x I.

fazendo uma nova média móvel sobre a primeira estimativa de série ajustada.

O X13 calcula ainda o saldo entre a nova série de tendência e a série original (para calcular um novo componente SI) e uma nova média móvel saltada. O resultado, o novo componente sazonal, é subtraído da série original para chegar à versão final da série com ajuste sazonal.

O problema dos pontos necessários para a média móvel e para a média móvel saltada na ponta final da série não tem uma solução simples.

Há duas alternativas: projetar mais pontos para a série ou mudar a ponderação da média móvel na ponta.

O problema de projetar é que, quanto maior o número de pontos projetados, pior a qualidade da projeção dos pontos mais distantes.

Reponderar a média móvel na ponta deixa essa média muito sensível às variações imediatamente anteriores ao último ponto da série.

Na prática, a solução é uma mistura dessas duas alternativas: é projetar apenas alguns pontos à frente e ajustar a ponderação para dar conta dos pontos que não foram projetados.

O número de pontos para projetar depende da série analisada. Mas o pacote X13 tem um teste recursivo (chamado *History*) que faz a projeção com uma parte (cada vez maior) da série e compara os pontos efetivos da série com os projetados para o mesmo período. Com esse teste é possível dizer, para uma série específica, o número de pontos que faz com que a revisão da série seja a menor possível quando mais pontos são acrescentados a ela.

A projeção da ponta final da série é feita com um modelo Arima. O X13 testa cinco modelos e aplica o que melhor se ajustar à série.

O ajuste inclui também tratamentos para feriados móveis como a Páscoa, que afetam a sazonalidade típica de cada período, e para o número de dias úteis por trimestre.

Outro ajuste feito de forma automática é o de *outliers* (pontos extremos ou quebras na série).

Os *outliers* são levados em conta no modelo Arima e ajustados nas medias móveis que estimam o componente sazonal da série.

Os *outliers* têm que ser tratados nas médias móveis também porque o que essas médias móveis estimam é o componente sazonal da série, o S, que só depois é subtraído da série original para produzir a série com ajuste sazonal.

O *outlier* é descontado das médias móveis para não afetar o padrão sazonal do trimestre em que ocorre.

Como o movimento atípico do *outlier* não está na série S, quando calculamos a série ajustada como saldo, como na fórmula abaixo, a série ajustada mantém um movimento atípico naquele trimestre em que a série original tem o *outlier*. E deve mesmo manter. Se o movimento ocorreu e não faz parte do padrão típico do trimestre, ele deve ser registrado na série com ajuste sazonal.

Série com ajuste sazonal

= Série original

– Série do componente sazonal

Nas contas trimestrais do Brasil, só as variações de volume encadeadas (as séries com crescimento acumulado) sofrem ajuste sazonal.

Cada série é dessazonalizada em separado. Seria possível dessazonalizar apenas as séries mais desagregadas e chegar ao PIB somando essas séries. Mas a agregação de séries dessazonalizadas pode, em alguns casos, produzir uma série agregada com padrão sazonal.

Por isso, nas contas trimestrais, se adotou o padrão de fazer o ajuste em separado para cada série.

Box 2 - O ajuste sazonal com X13 Arima e software R

```r
# Instalar o pacote seasonal
install.packages("seasonal")
library(seasonal)


# Ler dados

setwd("C:/Pasta1 ")

dados = read.csv( file = "IndiceTriNovo.csv", header
= TRUE, row.names=1, sep = ",", quote="\"",
dec=".", fill = TRUE)


# Converter dados em formato de série temporal

serie <- ts(dados, start = c(1996,1), freq = 4)


# Fazer ajuste sazonal
ajuste <- seas (x = serie,transform.function = "auto",
 regression.aictest= c("td","easter"),
pickmdl.method = "best",pickmdl.identify =
"all",outlier.types= "all",forecast.maxlead = "6",
forecast.maxback = "0",x11.savelog= "q", x11.save
= "d11")
```

```r
# Gravar a série ajustada
 write.csv(summary(ajuste)[2], file = "Série com
ajuste sazonal.csv")


# Gráficos


# Gráfico da série ajustada
 plot (ajuste)


savePlot (paste("ajuste.jpeg"), type = "jpeg")


 # Gráfico do padrão sazonal
 monthplot(ajuste, col.base = 1)
 legend("topleft", legend = c("Irregular", "Seasonal",
"Seasonal Average"),
 col = c(4,2,1), lwd = c(1,2,2), lty = 1, bty = "n", cex
= 0.6)


savePlot (paste("sazonalidade.jpeg"), type =
"jpeg")
```

11 – Classificações, definições e fronteiras

Para que todos os países produzam informações comparáveis sobre geração de renda, consumo, investimento etc., é preciso ter definições padrão sobre o que é geração de renda, o que é investimento, o que faz parte (ou não) da economia.

Alguns desses padrões foram definidos por conveniência. Estimar valores para a variação de estoques das famílias consumidoras, por exemplo, seria difícil, impreciso e pouco útil. O SCN, então, adota como convenção que só os produtores têm variações de estoque.

Da mesma forma, as empresas não têm consumo final. Tudo que compram é consumo intermediário, formação bruta de capital ou remuneração em espécie para seus funcionários (ex: cesta de Natal, no fim do ano).

Há uma classificação padrão de atividades econômicas proposta pela Organização das Nações Unidas, a ISIC revisão 4, que delimita o que é agricultura, o que é extração de petróleo, o que é edição de livros etc..

A classificação de atividades usada no Brasil, a CNAE 2.0, foi construída a partir da ISIC revisão 4 para facilitar comparações internacionais de dados. Nas duas classificações, há peculiaridades que é importante conhecer.

O comércio, por exemplo, na revisão 4 da ISIC, passou a incluir os serviços de manutenção e reparação de automóveis. A ideia é que o preço das peças costuma ser maior que o custo de mão de obra na reparação de automóveis. Oficinas mecânicas, então, seriam mais loja do que prestação de serviço de reparação.

Outra mudança da revisão 4 da ISIC (também adotada na CNAE) é a classificação da produção de livros nos serviços de edição. Em versões anteriores da ISIC, os livros eram produtos da indústria gráfica. Em tempos de *kindle* e de outros leitores eletrônicos – e considerando que o trabalho de editoração é o que faz o livro (mais do que a impressão), a produção de livros passou ao setor de serviços.

Na parte de definição de conceitos, o limite do que pode ou não ser considerado produção é dado pelo manual do sistema de contas nacionais.

A produção de bens para o próprio uso (ex: agricultura familiar) é produção. Mas a produção de serviços para o próprio uso (com exceção do aluguel imputado) não é, a não ser que sejam serviços remunerados.

Assim, contratar um empregado para limpar a casa é produção. Arrumar a casa você mesmo (não remunerado) não é.

Os limites físicos da economia do país (no caso das contas de um país) também têm peculiaridades. Embaixadas de países estrangeiros no Brasil não fazem parte da economia brasileira. Já as embaixadas brasileiras no exterior, fazem.

Exploração de petróleo em águas internacionais feita por uma empresa do Brasil faz parte da nossa economia. Já a produção de organizações internacionais (ONU, OMS etc.) mesmo se realizada em território nacional, não faz parte da economia, não é medida nas contas nacionais.

12 – As contas regionais e o PIB dos municípios

A economia do país pode estar crescendo, a renda das famílias aumentando, o investimento em um patamar alto e, mesmo assim, olhando em volta, muitas pessoas podem ver só terra arrasada.

Um dos problemas de trabalhar com dados agregados é que a média (do crescimento ou do nível de renda) é uma média e não dá conta das diferenças entre estados, entre cidades ou entre famílias.

Para entender as diferenças de renda entre famílias, as melhores fontes de dados são as pesquisas domiciliares (POF e PNAD Contínua) e os dados fiscais (IRPF). Para analisar estados e municípios, vale a pena acompanhar as contas regionais e o PIB dos municípios. As duas informações fazem parte do SCN e usam as mesmas definições e classificações das contas do país – além de respeitarem os totais calculados para ele. Para cada atividade econômica, a soma das unidades da federação (UF) é igual ao total do país. A soma dos municípios de um Estado, da mesma forma, será igual ao total do Estado.

Para calcular esses totais, o IBGE tem parcerias com institutos estaduais de estatística e secretarias de planejamento dos estados.

A forma de cálculo depende da atividade econômica. Em muitos casos, basta ler as pesquisas econômicas por UF e tabular produção, consumo intermediário, salários etc. Em outros casos (em quase todos, no PIB dos municípios), é preciso fazer rateios usando variáveis auxiliares.

O consumo residencial de energia, por exemplo, é usado para ratear o aluguel residencial de cada UF por seus municípios.

Os rateios tornam os dados menos precisos à medida que aumentamos sua desagregação geográfica. A alternativa para lidar com esse problema é aumentar sua agregação por atividade econômica.

Assim, as contas regionais agregam as atividades da economia em 18 grupos.

Tanto as contas regionais quanto o PIB dos municípios são produzidos pela ótica da produção. Mas, a partir de 2010, as contas regionais passaram a ter também, para o total de cada UF, a decomposição da renda em salários, contribuições sociais, impostos e excedentes operacionais / rendimento misto.

Nem as contas regionais nem o PIB dos municípios apresentam a parte dos usos da tabela de recursos e usos (consumo, investimento etc.)

Para isso, seria preciso ter informação de qualidade sobre o comércio interestadual, algo análogo ao que a Balança comercial e o Balanço de pagamento são para o país.

Uma fonte com potencial para uso nesse campo é a base de dados da Nota fiscal eletrônica, administrada pelo Conselho nacional de política fazendária (Confaz), que reúne os secretários estaduais de Fazenda.

Comparações apenas levando em conta a ótica da produção devem ser lidas com cuidado. Polos industriais, por exemplo, com grande produção e pouca população residente, tendem a ter renda *per capita* alta.

Mas a renda gerada nessas cidades é transferida para outros municípios. Em muitos casos, até os trabalhadores do polo vivem em outros municípios (e as fábricas ficam em uma espécie de enclave de isenções fiscais).

13 – Contas econômico ambientais

Desde a conferência da ONU sobre meio ambiente e desenvolvimento (Rio-92), a ONU lançou três edições de seu sistema de contas econômico ambientais.

A edição mais recente, de 2012, é compatível como SCN 2008 e prevê a produção de três tipos de contas de meio ambiente:

- contas de fluxo em quantidade física de materiais e energia dentro da economia e entre a economia e o meio ambiente,

- contas de estoque de ativos ambientais (água, madeira, peixes etc.) e de mudanças nesses estoques (esgotamento de recursos),

- contas com atividades e transações econômicas relacionadas ao meio ambiente.

O primeiro grupo - contas de fluxo em quantidade – usa uma estrutura de tabelas similar à do SCN para apresentar quantidades extraídas do ambiente, transacionadas dentro da economia e devolvidas ao ambiente.

A figura 13.1, a seguir, apresenta uma tabela de recursos e usos para água. Nela, as linhas de *inputs* naturais apresentam a água extraída do ambiente. As linhas de produto mostram a água transacionada na economia e as linhas de resíduo, a água devolvida ao ambiente.

As colunas têm as atividades econômicas que usam água e os domicílios (famílias), que também são usuários.

O total de usos será igual ao de recursos se for incluído o "consumo" de água, que neste caso, não é o consumo apresentado nas contas nacionais, mas a incorporação de água a produtos, a evaporação durante os processos de produção e a absorção de água por pessoas e animais.

Além de mostrar quanto cada atividade usa de água, a conta permite ver quanto foi extraído e devolvido ao ambiente, em quantidade física.

O segundo grupo, as contas de estoque em quantidade, apresenta, no caso da água, a quantidade estocada em lagos, represas, aquíferos e outros reservatórios em um determinado ponto no tempo. Ela usa medidas diretas, feitas em reservatórios de hidroelétricas, por exemplo.

A partir de um estoque inicial, aplicando anualmente uma conta de fluxo e dados sobre recomposição do estoque (estimativa de chuvas, por exemplo, no caso de estoques de água) seria possível estimar quando o esgotamento do recurso natural pode se tornar crítico.

As contas de estoque em quantidade física têm esse objetivo: analisar a disponibilidade do recurso e compará-la ao ritmo de sua extração.

O terceiro grupo de contas tem tabelas de recursos e usos com o detalhamento de atividades relacionadas à preservação do meio ambiente, como as de saneamento e tratamento de resíduos. Esse grupo pode destacar também outros fluxos, como impostos e subsídios relacionados a políticas ambientais.

Quadro 13.1 – Tabela de recursos e usos para água em quantidade física

Uso		Agropecuária	Indústria extrativa	Indústria de transformação e Construção	Geração de eletricidade	Tratamento de água	Saneamento	Serviços	Domicílios	Soma
Inputs naturais	Água de superfície									
Inputs naturais	Água de aquífero (*groundwater*)									
Produtos	Água									
Produtos	Esgoto									
Resíduos	Perdas de água									
Resíduos	Esgoto									
Resíduos	Resíduo tratado									
Resíduos	Retornos de água									
Resíduos	Vapor de água ("consumo")									
Soma de usos										

Recurso		Agropecuária	Indústria extrativa	Indústria de transformação e Construção	Geração de eletricidade	Tratamento de água	Saneamento	Serviços	Domicílios	Soma
Inputs naturais	Água de superfície									
Inputs naturais	Água de aquífero (*groundwater*)									
Produtos	Água									
Produtos	Esgoto									
Resíduos	Perdas de água									
Resíduos	Esgoto									
Resíduos	Resíduo tratado									
Resíduos	Retornos de água									
Resíduos	Vapor de água									
Soma de recursos										
Consumo (usos - recursos)										

PIB verde - O sistema de contas nacionais prevê o calculo de agregados brutos e líquidos. Agregados brutos, como o produto interno bruto, não descontam o valor da depreciação dos ativos.

O PIB é uma medida da renda gerada no país mas, como é um agregado bruto, não desconta a parte da renda usada para repor os ativos fixos por conta do desgaste que sofrem com o uso (consumo de capital fixo).

Em muitos países, os dados de contas nacionais são divulgados também em termos líquidos, descontando o consumo de capital fixo.

No Brasil, para chegar ao cálculo dos agregados líquidos, o IBGE precisa ainda calcular o valor dos ativos não financeiros da economia. É preciso saber o valor do estoque de ativos (prédios, fábricas etc.) e o ritmo de desgaste de cada um deles para chegar ao consumo de capital fixo.

O sistema de contas econômico ambientais propõe a criação de uma outra versão dos agregados macroeconômicos: agregados líquidos da depreciação de ativos e do esgotamento de recursos (*depletion*). Na prática, além de descontar dos dados de renda o valor do consumo de capital fixo, seria preciso descontar o valor da diminuição do estoque de recursos naturais.

As dificuldades de implantação de contas com esse formato, no entanto, são muitas. A primeira é ter – antes do PIB líquido do esgotamento de recursos – o PIB líquido do consumo de capital fixo. A segunda é ter a medida (em quantidade física) da diminuição do estoque dos diferentes tipos de recursos naturais. A terceira é estimar o valor, em reais, dessa diminuição de estoque.

14 – Exercícios

1 – Que contas específicas, no sistema de contas nacionais, se referem a medidas de riqueza?

2 – A conta econômica integrada tem agregados mais relacionados ao bem estar das famílias que o PIB. Cite dois desses agregados.

3 – As contas nacionais incluem produção informal (de vendedores ambulantes, professores particulares etc.). Como se apura informação sobre essa produção?

4 – Para estimar contas de patrimônio não financeiro, muitos países adotam o método do inventário permanente. Em que consiste esse método?

5 – Qual o destino dos Serviços financeiros indiretamente medidos (Sifim) associados ao crédito imobiliário?

6 – Por que as variações de preços, nas Contas nacionais, são calculadas a partir dos preços médios do ano anterior – e não sobre os preços em dezembro desse ano?

7 – As contas nacionais reclassificam R$ 1 bi de consumo intermediário de medicamentos pela Saúde pública para consumo final do governo. Feitos todos os ajustes decorrentes da mudança, qual o efeito disso sobre:

- o consumo final total do governo?

- o valor adicionado do governo?

- o valor da produção do governo?

8 – A partir do arquivo "Tabelas completas", disponível em:

https://www.ibge.gov.br/estatisticas-novoportal/economicas/contas-nacionais/9300-contas-nacionais-trimestrais.html?=&t=downloads

Calcule:

a) Usando a pasta "Base móvel", encadeie os índices trimestrais usando como base a média do ano anterior.

b) Usando o valor corrente de 1995 (dividido por quatro para ter a média do ano) e as séries encadeadas, calcule as séries trimestrais a preços de 1995.

c) Usando o código no capítulo 10.3, faça o ajuste sazonal das séries de consumo final das famílias e de formação bruta de capital fixo.

15 – Bibliografia

- Bloem, A. M.; Dippelsman, R. J.; Maehle, N. O. *Quarterly national accounts manual: concepts, data sources, and compilation.* Washington, DC: International Monetary Fund - IMF, 2001. 210 p. Disponível em: http://www.imf.org/external/pubs/ft/qna/2000/Textbook/. Acesso em: dez. 2016.

- *Contas nacionais trimestrais – Ano de referência 2010: Brasil.* Rio de Janeiro: IBGE, 2016. 69 p. (Série relatórios metodológicos, v. 28). Disponível em: http://biblioteca.ibge.gov.br/visualizacao/livros/liv96834.pdf. Acesso em: nov. 2016.

- *Contas regionais do Brasil – Ano de referência 2010: Brasil*. Rio de Janeiro: IBGE, 2016. 68 p. (Série relatórios metodológicos, v. 37).. Disponível em: http://biblioteca.ibge.gov.br/visualizacao/livros/liv94952.pdf. Acesso em: nov. 2016.

- *Contas nacionais 2014*, dados disponíveis em: http://www.ibge.gov.br/home/estatistica/economia/contasnacionais/2014/defaulttab_xls.shtm. Acesso em: nov. 2016.

- *Contas regionais 2014*, dados disponíveis em: http://www.ibge.gov.br/home/estatistica/economia/contasregionais/2014/default.shtm. Acesso em: dez 2016.

- *Contas Trimestrais*, disponíveis em: https://www.ibge.gov.br/estatisticas-novoportal/economicas/contas-nacionais/9052-sistema-de-contas-nacionais-brasil.html?=&t=o-que-e Acesso em: dez. 2018.

- *PIB dos municípios*, dados disponíveis em: http://www.ibge.gov.br/home/estatistica/economia/pibmunicipios/2014/default.shtm. Acesso em: dez 2016.

- Piketty, T. *O Capital no século XXI.* Rio de Janeiro, Intrinseca, 2014, 672 páginas.

- R Development Core Team, software R, disponível em: https://cran.r-project.org/

- Sax, Christoph. *Seasonal* – Pacote para ajuste sazonal com os softwares R e X13 Arima, disponível em: https://cran.r-project.org/web/packages/seasonal/index.html. Acesso em: maio 2017.

- Sax, Christoph. *Tempdisagg* – Pacote para desagregação temporal com o software R, disponível em: https://cran.r-project.org/web/packages/tempdisagg/index.html. Acesso em: maio 2017.

- *Sistema de contas nacionais do Brasil – Referência 2010: Brasil.* Rio de Janeiro: IBGE, 2016. 231 p. (Série relatórios metodológicos, v. 24).. Disponível em: http://biblioteca.ibge.gov.br/visualizacao/livros/liv98142.pdf . Acesso em: nov. 2016.

- *System of national accounts 2008*. New York: United Nations, 2009. 662 p. Preparado sob os auspícios da Comissão das Comunidades Europeias - Eurostat, Fundo Monetário Internacional - FMI, Organização para a Cooperação e o Desenvolvimento Econômico - OCDE, Organização das Nações Unidas - ONU e Banco Mundial. Disponível em: http://unstats.un.org/unsd/nationalacco unt/docs/SNA2008.pdf . Acesso em: nov. 2016.

- U.S. Census Bureau, *X-13ARIMA-SEATS Reference Manual*, Washington, DC, março de 2016, disponível em: https://www.census.gov/ts/x13as/docX1 3AS.pdf . Acesso em: dez 2016.

www.ingramcontent.com/pod-product-compliance
Lightning Source LLC
Chambersburg PA
CBHW031141250726

48655CB00002B/778